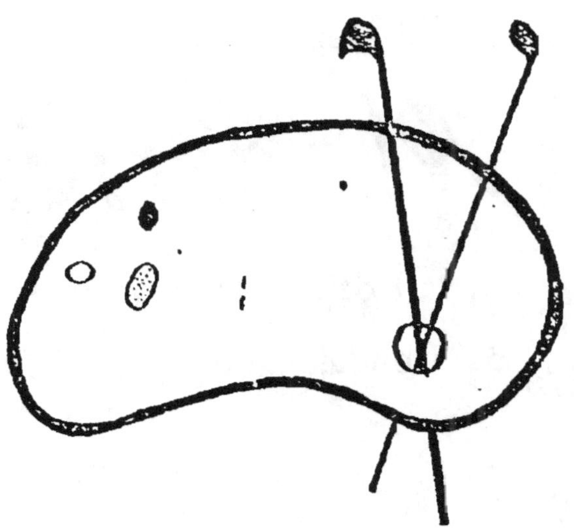

DÉBUT D'UNE SÉRIE DE DOCUMENTS
EN COULEUR

Cardinal MERCIER

Archevêque de Malines

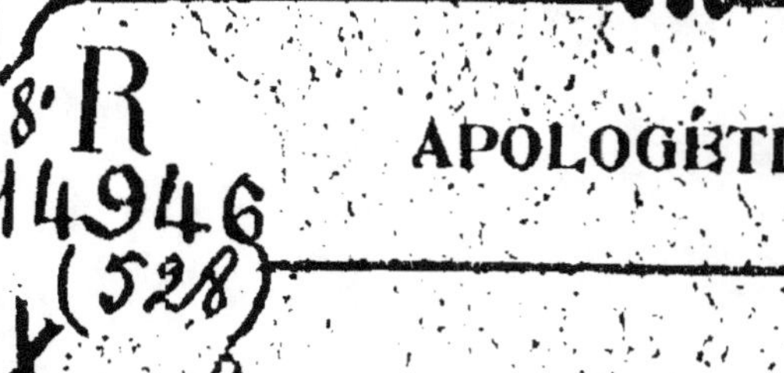

Modernisme

Sa Position vis-à-vis de la science

Sa Condamnation par le Pape Pie X

Édition officielle revue et augmentée

BLOUD & Cⁱᵉ

S. et R. 528

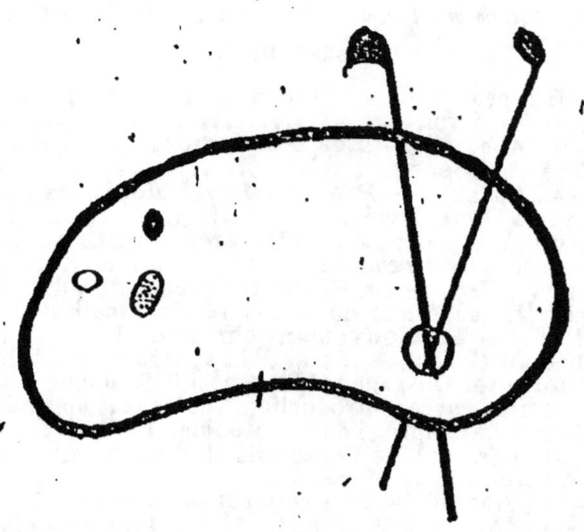

FIN D'UNE SERIE DE DOCUMENTS
EN COULEUR

LE MODERNISME

Sa position vis-à-vis de la science

Sa condamnation par le pape Pie X

MÊME SÉRIE

Le Modernisme

SA POSITION VIS-A-VIS DE LA SCIENCE
SA CONDAMNATION PAR LE PAPE PIE X

PAR

S. E. le Cardinal MERCIER

Archevêque de Malines

PARIS

LIBRAIRIE BLOUD & Cⁱᵉ

7, PLACE SAINT-SULPICE, 7

1 ET 3, RUE FÉROU. — 6, RUE DU CANIVET

1909

I

LA POSITION DU MODERNISME
vis-à-vis de la Science

Extraits d'un discours prononcé par Son Eminence le Cardinal MERCIER le 8 décembre 1907, à Louvain, dans le grand auditoire du « Collège du Pape » de l'Université catholique, en réponse aux allocutions de bienvenue de Mgr Hebbelynck, Recteur Magnifique, et du président de la Société générale des Etudiants.

I

LA POSITION DU MODERNISME
vis-à-vis de la Science.

Messieurs les Professeurs,
Messieurs les Etudiants,

... Trop souvent, nous nous laissons aller, nous chrétiens, nous prêtres, ou même évêques, à transporter dans notre vie pratique une neutralité meurtrière, que nous trouvons coupable lorsqu'elle est érigée en théorie.

Les catholiques et la neutralité scientifique.

Assurément il y a des heures, celles de la recherche scientifique, où la neutralité nous est commandée. Il ne faut pas aborder les problèmes de la physique, de la chimie, de la biologie, ceux de l'histoire ou de l'économie sociale avec le dessein préconçu d'y chercher une confirmation de nos croyances religieuses.

Considérer un objet au point de vue scientifique, qu'est-ce, en effet, sinon l'isoler mentalement pour le regarder en face et le saisir, seul, d'une perception plus nette ?

Chaque fois que le progrès de la pensée, conditionné par la division du travail, fait surgir du pêle-mêle des observations empiriques l'objet d'une science nouvelle, c'est qu'un homme de génie a su dégager de l'encombrement inordonné où d'autres tâtonnent, un aspect nouveau, isolable, inaperçu jusqu'à lui, de la réalité. Les vieux scolastiques appelaient cet aspect distinct du réel, objet d'une science à part : l'objet « formel » de cette science. Dès lors, considérer une science sous un autre angle que celui que présente son objet formel, apporter à la considération de celui-ci une attention partagée entre cet objet et autre chose, entre cet objet et un problème ressortissant à une autre discipline, entre cet objet et une tâche apologétique, c'est méconnaître l'essence même de la spéculation scientifique, c'est marcher à rebours du progrès que le chercheur est censé poursuivre.

Le modernisme et la philosophie
kantienne et agnostique.

Le Pape, dans son Encyclique *Pascendi Dominici gregis,* rappelle avec infiniment de raison que la plupart des écrits récents de la critique biblique et de l'histoire de nos croyances religieuses sont dus à une inspiration philosophique à laquelle certains chercheurs n'ont que trop docilement obéi, et que, *a priori,* ils ont prise pour norme directrice de leurs inventaires et de leur interprétation des documents historiques. Ceux qui se sentent le plus atteints protestent, Messieurs, qu'ils ont loyalement poursuivi le vrai, sans poser, au point de départ de leur œuvre scientifique, un système quelconque de philosophie.

Ils oublient une petite distinction que le sage Pontife n'a pas négligée : Autre chose est l'intention, qui ne relève que du Juge suprême et ne sera définitivement appréciée qu'au jour du jugement dernier, autre chose est l'action qui tombe sous le jugement actuel de l'autorité et de la critique. Tel exégète de France regarde la Bible à travers les catégories de Kant; tel apologiste pieux porte les œillères de l'agnosticisme, sans le savoir, tout comme le Jourdain de Molière faisait de la prose ; tout comme hier encore, tel recteur d'Université, fasciné par son évolutionnisme, faisait du roman scientifique pour de la science, ou comme tel sénateur doctrinaire, j'allais dire comme « le » sénateur doctrinaire — chassait avec une tranquille assurance sur les terres réservées du collectivisme.

Les modernistes ont bu le lait de la philosophie kantienne et agnostique ; ils ont compulsé sans précautions des volumes, qui leur arrivaient d'Allemagne et d'Angleterre chargés de microbes infectieux ; atteints par la contagion, ils ont recouru à un prétendu remède : la philosophie de l'immanence, qui n'a fait qu'empoisonner et désagréger leurs tissus.

On ne reproche pas aux modernistes de bonne foi d'avoir subi l'infection ; mais on a bien le droit d'exiger d'eux qu'au lieu de faire au médecin de nos âmes chrétiennes un grief de pratiquer l'antiseptie, ils le remercient de préserver au moins ceux qui tiennent à la vie saine, de la contamination. Parce qu'ils ne voient pas à l'œil nu le bacille immanent qui les infecte, ils accusent le médecin d'avoir mal institué son diagnostic.

Imprudents, relisez-vous vous-mêmes, et voyez la *Risposta* que vous avez irrévérencieusement adressée à l'autorité suprême. Au paragraphe premier, vous y essayez longuement d'établir que votre critique est indépendante de votre philosophie. Tournez la page, la page soixante-troisième, qui inaugure le paragraphe deux, et relisez les aveux que vous y laissez échapper.

« Nous acceptons, dites-vous textuellement, la critique de la raison pure faite par Kant et par Spencer. Notre apologétique a été une tentative faite pour sortir de leur agnosticisme. A cet effet, à la connaissance scientifique des phénomènes, à la connaissance philosophique, qui a pour objet l'interprétation de l'univers, nous opposons la connaissance religieuse qui consiste en une expérience actuelle du divin qui opère en nous. »

Cette expérience du divin, vous la décrivez : « Elle s'accomplit, dites-vous, dans les profondeurs les plus obscures de notre conscience, nous conduit à un sens spécial des réalités suprasensibles. »

Et enfin, votre conclusion de ces pages est cet aveu : « Il est vrai que nos postulats s'inspirent des principes de l'immanence, parce que tous partent de la présupposition de l'immanence vitale ; mais, vous demandez-vous, le principe de l'immanence vitale est-il effectivement délétère, comme le pense l'Encyclique ? »

Si ces pages ne sont pas de l'apriorisme, il n'y en a plus dans la conscience humaine.

L'Eglise et la philosophie thomiste.

Messieurs, précisément parce que la philosophie qui forme notre ambiance intellectuelle pénètre si aisément et si profondément toute notre économie, il est d'une importance souveraine que les hommes d'étude s'enveloppent d'une bonne philosophie, d'une philosophie qui serre les faits de près, ne perde jamais leur contact lorsqu'elle s'engage dans le domaine de la métaphysique ou s'élève vers l'Absolu.

La philosophie d'Aristote, développée et précisée par saint Thomas d'Aquin, présente éminemment ce caractère de sain réalisme.

Il semblait, à première vue, que l'intérêt de l'Eglise lui conseillât de s'appuyer plutôt sur l'autorité et la pensée de Platon, qui eût rendu plus aisé le commerce avec l'invisible ; mais elle a sagement remarqué que, formés de corps et d'âme, nous devons vivre sur terre, et que l'expérience est pour nous l'unique pourvoyeuse du monde intelligible.

Messieurs les Professeurs de la Faculté de théologie, parce que, mieux avisés que d'autres,

vous avez pratiqué avec rigueur l'étude objective, l'étude sereine des faits ; vous avez su tout
à la fois préserver notre *Alma Mater* des écarts
du modernisme et lui assurer les avantages des
méthodes scientifiques modernes.

Vous avez su donner un grand exemple à ceux
qui ont abusivement identifié *leur* philosophie
avec la science, et à ceux qui, trop timides, atten-
dent au coin du feu que d'autres, plus courageux
qu'eux, courent hardiment le risque de se brûler
le bout des doigts pour leur apporter tout chauds
« les marrons à croquer ».

Pionniers de la science, gardez-vous de
l'apriorisme des uns et de la... — comment
dirai-je ? — de la prudence trop humaine des
autres.

**Le savant catholique et le savant incrédule
en face de l'inconnu scientifique. — Avantages de la position du premier.**

Quoi qu'en disent tels ou tels incrédules su-
perficiels, qui n'entendent rien à nos certitudes
religieuses, plus la foi du chrétien est sincère,
plus elle le met à l'abri des préoccupations qui
troublent l'esprit ou paralysent la volonté.

Le savant catholique est *certain* de la vérité

de sa foi. Vous qui ne partagez pas sa foi, dites, si vous le voulez, qu'il a tort de croire ; peu importe pour l'heure ; mais le fait est là : le catholique est *certain* que sa foi ne le trompe point et ne peut le tromper ; sa certitude va croissant à mesure que sa foi s'affermit. Aussi, est-il, certain, inébranlablement certain que jamais la découverte d'un fait nouveau ne contredira l'objet de sa croyance. Dès lors, le savant chrétien, que troublerait la préoccupation de l'avenir éventuel de la science, manquerait ou de foi ou d'esprit scientifique, sinon de l'une et de l'autre à la fois.

L'incrédule, au contraire, qui s'est bâti ses théories philosophiques et religieuses sur le sable mouvant de la spéculation personnelle ou d'une autorité humaine, n'est jamais sûr de ne pas les voir ébranler par la découverte de demain. Plus ses théories lui sont chères, plus vif sera son désir de les confirmer, plus agitant son souci de les protéger, plus fortes, en un mot, seront pour lui les émotions de l'« a priori » qui trouble la sérénité de la pensée scientifique.

Et ne dites pas, Messieurs les incrédules, que vous n'avez pas de philosophie. Tout homme qui pense en a une. Et je ne veux pas vous faire l'injure de croire que vous vous interdisez de penser.

Je parcourais ces jours derniers les réflexions tantôt mélancoliques, tantôt humoristiques, d'un vieux penseur anglais, Harrison, qui fut intimement mêlé au mouvement positiviste et agnostique représenté en Angleterre au siècle dernier par Spencer, John Stuart Mill, Huxley, Lewes. Tous, observe-t-il, ont eu leur métaphysique, tous ont eu leur religion. N'ont-ils pas été jusqu'à diviniser l'Inconnaissable ? L'inconnu, multiplié par l'infini X^n, devient la base sur laquelle se réconcilieront, ose écrire Spencer, la science et le sentiment religieux !

Oh ! X^n, protégez-nous, assistez-nous, faites que nous ne devenions qu'un avec vous (1) !

Passons, Messieurs, en répétant le mot de saint Paul : « *Evanuerunt in cogitationibus suis* », leurs pensées ont sombré dans le vide.

Nous n'en apprécierons que mieux par contraste notre bonheur de posséder les certitudes de la foi.

(1) HARRISON, *The philosophy of common sens.* p. 363. — London 1907.

CONCLUSION

Je reviens à vous, chers professeurs de la Faculté de théologie. Vaillamment, vous poursuivrez votre voie, creusant, chaque jour, votre sillon, dussiez-vous, au soir de votre carrière, reconnaître que vous n'avez fait que creuser, laissant à d'autres, non seulement le soin de récolter, mais même celui de jeter dans votre sol les espérances de la moisson.

Nous attendons de vous que vous marquiez la voie de la science religieuse aux catholiques de la Belgique et d'au-delà de nos frontières.

Dans les solennités académiques, vous marchez en tête du corps professoral ; les autres Facultés ont le regard sur vous ; les étudiants, à leur tour, ont l'œil sur leurs maîtres.

Tous, vous continuerez à porter magnanimement la responsabilité de l'exemple. L'homme n'est pas qu'une pure intelligence qui, dans l'enceinte d'un laboratoire ou d'une bibliothèque, abstrait péniblement un objet formel ; en dehors des heures réservées à l'essor de l'esprit, il en est aussi pour le développement harmonieux de toutes les puissances de l'être humain et de celles, plus hautes, de l'âme chrétienne.

Vous voudrez vivre dans sa plénitude votre vie catholique : vie de piété, vie de charité, vie d'édification, pour la patrie belge et pour le monde chrétien.

Vous avez au cœur des aspirations morales, vous avez reçu au baptême le principe d'une vie supérieure, dont la Providence vous laisse le soin et vous impose la loi de tirer progressivement les conséquences. Vous avez des devoirs envers la société. La neutralité qui s'impose à vous dans la recherche scientifique deviendrait coupable si vous aviez la prétention, irréalisable d'ailleurs, de l'appliquer à votre vie pratique.

La science acquise n'est pas un but à elle-même. Le devoir prime la raison spéculative. Plus l'homme élargit son savoir, plus il se doit à lui-même et aux autres de prendre conscience de ses obligations morales et sociales et d'éclairer le chemin au bout duquel il a, plus nettement que d'autres, aperçu l'idéal de la vie. Cet idéal n'est autre, Messieurs, que celui que Dieu a conçu pour vous. Nous sommes fiers, Messieurs les Professeurs, de vous le voir si noblement réaliser.

II

LA

CONDAMNATION DU MODERNISME

Lettre pastorale de S. E. le Cardinal MERCIER, au clergé et aux fidèles du diocèse de Malines, accompagnant le Mandement de Carême pour l'année 1908.

II

LA CONDAMNATION DU MODERNISME

MES TRÈS CHERS FRÈRES,

A la date du 3 juillet 1907, le Saint-Père fit dresser un catalogue d'erreurs qui, plus tard, furent globalement désignées du nom de *Modernisme* et les condamna. Le 8 septembre suivant, il donna au monde une Encyclique d'une ampleur, d'une netteté, d'une vigueur incomparables, à l'effet d'exposer les raisons qui avaient motivé la condamnation du Modernisme. Dieu merci, ces erreurs qui ont envahi surtout la France et l'Italie, ne comptent guère d'adeptes en Belgique. Vous devez d'en avoir été préservés à la vigilance de vos Pasteurs et à l'esprit d'impartialité scientifique et de soumission chrétienne qui anime les représentants du haut enseignement dans notre pays.

Néanmoins, Mes Frères, je considère comme un devoir de ma charge pastorale de porter, dans une certaine mesure, à votre connaissance l'Encyclique pontificale qui désormais sera désignée dans l'histoire ecclésiastique par les premiers mots latins de ce grave document « *Pascehdi Dominici gregis* » ou, plus brièvement, par le mot « *Pascendi* ».

Puisque le Saint-Père adresse sa lettre à toutes les églises particulières, c'est-à-dire aux Évêques, aux prêtres et aux laïques de la catholicité, c'est que dans sa pensée, chacune d'elles peut en tirer avantage. Le document, d'ailleurs, est d'une telle importance qu'il a, dès aujourd'hui, acquis une valeur historique, et que, par suite, quiconque s'intéresse à la vie de l'Église, notre Mère, doit en connaître, au moins en substance, la signification.

Enfin, Mes Frères, à peine le Pape avait-il parlé, ou plutôt, avant même qu'il parlât, dès le moment où les agences télégraphiques annonçaient sa parole, la presse incrédule s'attacha à la défigurer. Ni les journaux ni les revues des partis hostiles à l'Église dans notre pays ne publièrent, en toute loyauté, soit le texte, soit la teneur générale de l'Encyclique. Mais, avec un empressement et un ensemble que peut seul expliquer le parti pris, ils équivoquèrent sur le mot *Modernisme* et firent croire, à ceux qui les lisent de confiance, que le Pape condamne la pensée moderne, ce qui, dans leur langage ambigu, signifie la science moderne et ses méthodes.

Cette impression, injurieuse pour le Pape et pour ceux qui suivent ses directions, a peut-être été, de bonne foi, partagée par quelques-uns d'entre vous.

S'il en est ainsi, nous voulons les détromper.

Nous nous proposons donc, Mes Frères, de vous entretenir du *Modernisme,* avec l'intention de vous faire comprendre *les raisons qui ont motivé sa condamnation* par la suprêmeautorité de l'Eglise.

Quelle est l'idée-mère du Modernisme?

Qu'est donc que le Modernisme? Ou plutôt, comme il ne s'agit pas de nous attacher à des détails, qui pour beaucoup d'entre vous seraient sans intérêt, quelle est l'idée-mère, quelle est l'âme du Modernisme?

Le Modernisme n'est point l'expression moderne de la science, et par conséquent la condamnation du Modernisme n'est ni la condamnation de la science dont nous sommes tous si justement fiers, ni la réprobation de ses méthodes, que les savants catholiques tiennent et doivent tenir à honneur de pratiquer et d'enseigner.

Le Modernisme consiste essentiellement à affirmer que l'âme religieuse doit tirer d'elle-même, rien que d'elle-même, l'objet et le motif de sa Foi. Il rejette toute communication révélée qui, du dehors, s'imposerait à la conscience, et ainsi il devient, par une conséquence nécessaire, la négation de l'Autorité doctrinale de l'Eglise établie par Jésus-Christ, la méconnaissance de la hiérarchie divinement constituée pour régir la société chrétienne.

Pour mieux comprendre la signification de cette erreur fondamentale, rappelons-nous les enseignements du catéchisme sur la constitution et la mission de l'Église catholique.

Le Christ ne s'est pas présenté au monde à la façon d'un chef d'école de philosophie, incertain de lui-même, abandonnant à la libre discussion de ses disciples un système d'opinions réformables. Fort de sa sagesse divine et de sa puissance souveraine, Il a imposé aux hommes, en même temps qu'Il la leur proposait, la parole révélatrice qui leur montrait le salut éternel et l'unique voie qui y conduit.

Il a promulgué pour eux un code de morale et

leur a apporté les secours sans lesquels il est impossible d'en mettre les règles en pratique. La grâce et les sacrements qui nous la confèrent ou nous la restituent lorsque, l'ayant perdue, nous consentons à la recouvrer par la pénitence, forment l'ensemble de ces secours, l'économie du salut.

Il a institué une Eglise. Comme il ne devait passer que quelques années parmi nous, il a, avant de nous quitter, confié ses pouvoirs à ses apôtres, avec la faculté de les transmettre à leurs successeurs, le Pape et les évêques. L'épiscopat, en union avec le Souverain Pontife, a donc ainsi reçu et possède seul la mission d'exposer officiellement, de commenter authentiquement les doctrines révélées par le Christ; il a, seul, le droit de dénoncer avec autorité les erreurs qui sont incompatibles avec elles.

Le chrétien est celui qui, confiant dans l'autorité de l'Eglise, accepte sincèrement les doctrines qu'elle propose à sa foi. Celui qui répudie ou met en doute son autorité et rejette, en conséquence, une ou plusieurs des vérités qu'elle oblige à croire, s'exclut lui-même de la société ecclésiastique.

L'attitude de l'Eglise à l'égard des modernistes.

L'excommunication prononcée par le Pape contre les modernistes obstinés, et que nos adversaires voudraient faire passer pour un acte de despotisme, est la chose la plus simple, la plus naturelle du monde. Il n'y a ici en jeu, Mes Frères, qu'une question de loyauté.

Oui ou non, avez-vous foi à la divine autorité de l'Église ? acceptez-vous, extérieurement et de cœur, ce que, au nom de Jésus-Christ, elle vous propose à croire ? Oui ou non, consentez-vous à lui obéir ?

Si oui, elle met à votre disposition ses sacrements et se charge de vous conduire au port du salut.

Si non, vous brisez délibérément le lien qui vous unissait à elle, dont elle avait serré le nœud, que sa grâce avait sacré. Devant Dieu et devant votre conscience, vous ne lui appartenez plus. Ne vous obstinez point à rester hypocritement dans son sein. La loyauté vous interdit de vous faire passer encore pour un de ses fils, et elle, qui ne veut ni ne peut être complice d'une hypocrisie sacrilège, vous demande et, au besoin, vous somme de sortir de ses rangs.

Bien entendu, elle ne vous répudie qu'aussi longtemps que vous le voudrez vous-même. Le jour où, déplorant votre égarement, vous reviendrez reconnaître loyalement son autorité, elle vous accueillera avec une maternelle clémence. et vous traitera avec tous les égards que le père de la parabole de l'enfant prodigue témoigna à son fils repentant.

Telle est donc la constitution de l'Église.

L'épiscopat catholique, dont le Pape est le chef, est l'héritier du collège apostolique, il enseigne authentiquement aux fidèles la révélation chrétienne.

De même que la tête concentre la vie de l'organisme entier et dirige son action en coordonnant tous ses mouvements, de même le Pape assure l'unité à l'Église enseignante, et chaque fois que parmi les fidèles ou parmi les évêques, il surgit un différend doctrinal, le Pape le tranche avec une autorité souveraine. Son pouvoir est sans appel.

En résumé, chaque fois qu'un chrétien, à un moment quelconque de son existence, s'adresse ces deux questions capitales :

Que dois-je croire en ce moment ?

Pourquoi dois-je le croire ?

— la réponse qu'il a à se faire est la suivante : Je dois croire ce que m'enseignent les évêques du monde catholique qui sont d'accord avec le Pape.

Je dois croire cela, parce que l'épiscopat en union avec le Pape est l'organe de transmission des enseignements révélés par Jésus-Christ.

Soit dit en passant, l'organe de transmission est ce qui s'appelle d'un mot la *tradition,* à laquelle doit répondre la foi des fidèles.

Eh bien, Mes Frères, le Modernisme, que le Pape a condamné, est la négation de ces enseignements si simples, que vous avez appris dès votre enfance lorsque vous vous prépariez à la première communion.

Le développement du Modernisme. — Les affinités de l'esprit moderniste avec le protestantisme.

Les idées génératrices des *doctrines modernistes* sont nées et ont germé sur la terre protestante d'Allemagne, se sont acclimatées aussitôt sur le sol d'Angleterre, et ont poussé quelques rejetons aux Etats-Unis.

L'esprit moderniste a passé en pays catholiques ; il y a fait surgir chez quelques écrivains, oublieux de la tradition de l'Eglise, des erreurs dont l'énormité épouvante les consciences droites, simplement fidèles à la Foi de leur baptême. Cet esprit a soufflé sur la France, l'Italie en a gravement souffert, quelques catholiques d'Angleterre et d'Allemagne en ont été atteints ; la Belgique est un des pays de la catholicité qui ont le mieux résisté à son influence pernicieuse.

Vous l'entendez, Mes Frères, nous établissons une distinction entre les doctrines modernistes et le souffle qui les anime.

Les doctrines, disséminées dans les écrits de philosophes, de théologiens, d'exégètes ou d'apologistes, ont été admirablement systématisées dans l'Encyclique *Pascendi;* puisque vous avez eu le bonheur d'y échapper, je ne m'attacherai pas ici à vous montrer combien elles sont en contradiction avec la Foi et avec la saine philosophie.

Mais je redoute davantage pour vos âmes la contagion de l'esprit moderniste.

Cet esprit est issu du Protestantisme.

Vous connaissez le Protestantisme. Luther conteste à l'Eglise le droit d'enseigner avec autorité à la société chrétienne la révélation de Jésus-Christ ; le chrétien se suffit, prétend-il, pour connaître sa foi ; il en puise les éléments dans l'Écriture Sainte, que chacun interprète directement sous l'inspiration du Saint-Esprit.

Il ne veut pas qu'il y ait, dans l'Eglise, une autorité hiérarchiquement constituée pour transmettre fidèlement au monde les enseignements révélés, pour les interpréter de plein droit et avec assurance, pour en protéger incessamment l'intégrité.

Le point essentiel du litige entre le Catholicisme et le Protestantisme est là.

Le Catholicisme dit que la foi du chrétien est communiquée aux fidèles par un organe officiel de transmission, l'épiscopat catholique, et qu'elle est basée sur l'acceptation de l'autorité de cet organe. Le Protestantisme dit, au contraire, que la foi est exclusivement l'affaire du jugement individuel appuyé sur l'interprétation des Livres Saints.

Autorité d'une part, individualisme de l'autre. Aussi une Église protestante est-elle nécessairement invisible : c'est l'accord supposé de consciences individuelles sur une même interprétation des Saintes Ecritures.

Le Protestantisme ainsi formulé a été condamné par le Concile de Trente, au xvi° siècle, et il n'est plus personne qui osât se dire protestant et se croire en même temps catholique.

Mais l'*esprit protestant* s'est infiltré de çà de là dans les milieux catholiques, et il y a fait germer des conceptions où l'on trouve, à la fois, la piété d'intention, le prosélytisme d'une âme catholique, et les déviations intellectuelles propres au protestantisme.

M. Frédéric Paulsen, professeur à l'Université protestante rationaliste de Berlin, note, à propos de l'Encyclique *Pascendi*, ce fait curieux : « Il semble bien, dit-il, que toutes les doctrines condamnées par l'Encyclique soient d'origine allemande, et cependant, il n'y a peut-être pas un seul théologien qui défende le Modernisme au sein des Facultés de théologie de l'Allemagne (1). »

L'observation est significative.

Ce n'est pas d'aujourd'hui que l'on trouve, en Allemagne, dans les milieux universitaires, des traces de l'esprit protestant.

Lorsque, en 1868, Pie IX décréta l'ouverture d'un Concile universel, un savant catholique, très en vue, professeur à l'Université de Munich, qui, plus tard, fit ouvertement défection, Dœllinger écrivait à propos du rôle des évêques dans les réunions conciliaires :

« Les évêques doivent aller au Concile témoigner de la foi de leurs diocésains ; les définitions qui en sortiront doivent être l'expression des croyances de la collectivité. »

(1) *Internationale Wochenschrift*, 7 Dez. 1907.

Vous l'entendez, Mes Frères, voilà déjà l'accord des consciences individuelles substitué à la direction de l'autorité.

L'esprit moderniste chez Tyrrell.

L'observateur le plus pénétrant du mouvement moderniste contemporain, le plus attentif à ses tendances, celui qui en a le mieux dégagé l'esprit et qui en est, peut-être, le plus profondément imbu, est le prêtre anglais Tyrrell.

Or, dans les nombreux écrits publiés par lui, au cours de ces dix dernières années, il y a, à côté de pages d'une piété pénétrante — que nous avons, pour notre part, lues avec édification et dont nous savons gré très fidèlement à leur auteur, — il y a souvent même, dans le souffle qui anime ces pages, l'erreur fondamentale de Dœllinger, c'est-à-dire l'idée-mère du Protestantisme.

Rien de bien étonnant d'ailleurs, car Tyrrell est un converti dont l'éducation première fut protestante.

Attentif toujours et d'une façon presque exclusive aux démarches intérieures de la conscience, peu ou point préoccupé des enseignements traditionnels du dogme et de l'histoire ecclésiastique, soucieux par-dessus tout de retenir dans le sein de l'Eglise ceux de nos contemporains que déconcertent les affirmations bruyantes des incrédules qui, tantôt au nom des sciences naturelles, tantôt au nom de la critique historique, veulent faire passer leurs préjugés philosophiques et leurs hypothèses conjecturales pour des conclusions acquises à la science et en conflit avec notre Foi, Tyrrell a renouvelé, à quarante ans de distance, une tentative analogue à celle de l'apostat Dœllinger.

La *Révélation*, pense-t-il, n'est pas un dépôt *doctrinal* confié à la garde de l'Eglise enseignante et dont les fidèles ont à recevoir, aux divers moments de l'histoire, l'interprétation authentique. Elle est la *vie* de la collectivité des âmes religieuses, ou mieux, de toutes les âmes de bonne volonté qui aspirent à réaliser un idéal supérieur au terre à terre des consciences égoïstes. Les Saints du christianisme forment l'élite de cette société invisible, de cette communion des saints. Tandis que la *vie religieuse* suit invariablement son cours dans les profondeurs de la conscience chrétienne, des *croyances* « *théologiques* » s'élaborent dans les intelligences, s'expriment en formules commandées par le besoin du moment, mais d'autant moins conformes à la réalité vivante de la foi qu'elles gagnent en précision. L'autorité de l'Eglise catholique romaine — les évêques et le Pape — interprète la vie intérieure des fidèles, récapitule le produit de la conscience universelle et l'énonce en formules dogmatiques. Mais *la vie religieuse intérieure elle-même reste la règle directrice suprême des croyances et des dogmes.* Au surplus, l'effort des intelligences étant soumis à mille fluctuations, le code des croyances est variable ; les dogmes de l'Eglise, à leur tour, changent de sens, si pas nécessairement d'expression, avec les générations auxquelles ils s'adressent ; néanmoins, l'Eglise catholique reste une et fidèle à ses origines, parce que, depuis Jésus-Christ, un même esprit de religion, de sainteté anime les générations successives de la société chrétienne et toutes se rencontrent, au fond, en un même sentiment de piété filiale envers notre Père qui est dans les cieux, et en un même sentiment d'amour pour l'humanité, de confraternité universelle.

Les causes qui ont favorisé
l'éclosion du Modernisme.

Telle est, Mes bien chers Frères, l'âme du Modernisme.

L'idée maîtresse du système a été puissamment influencée par la philosophie de Kant, protestant lui-même et auteur d'une théorie spéciale, où la certitude universelle de la science est mise en opposition avec la certitude exclusivement personnelle du sentiment religieux. Elle l'a été aussi, sans doute, par cet engouement, aussi général qu'il est irréfléchi, qui entraîne tant de bons esprits à appliquer, arbitrairement et à priori, à l'histoire, surtout à l'histoire de nos livres saints et de nos croyances dogmatiques, une hypothèse, — l'hypothèse évolutionniste, — qui, loin d'être une loi générale de la pensée humaine, n'est même pas avérée dans le champ restreint de la formation des espèces végétales ou animales. Mais en elle-même, l'idée qui inspira, à l'origine, plusieurs champions généreux de l'apologétique catholique et les fit sombrer dans le Modernisme, n'est pas autre, au fond, que l'individualisme protestant, qui se substitue à la conception catholique d'une autorité enseignante, établie d'office par Notre-Seigneur Jésus-Christ, et chargée de nous dire ce que, sous peine de damnation éternelle, nous sommes obligés de croire.

Il est partout dans l'atmosphère, cet esprit moderniste. Et c'est pour ce motif, sans doute, que le Pape, guidé spécialement par la divine Providence, adresse aux catholiques du monde

entier une Encyclique dont la teneur doctrinale
ne concerne guère, semble-t-il, qu'une fraction
catholique relativement peu nombreuse de
France, d'Angleterre et d'Italie.

Les *doctrines* réprouvées par l'Encyclique
épouvantent, par leur seul énoncé, les consciences chrétiennes. Mais il y a dans les *tendances*
modernistes quelque chose de séduisant ; elles
font impression sur certains esprits loyalement
attachés, cependant, à la foi de leur baptème.

D'où cela vient-il ? d'où vient au Modernisme
son attrait pour la jeunesse ?

Nous voyons à ce phénomène deux causes
principales.

Ce sont deux équivoques, que je voudrais
dissiper dans la seconde partie de cette Lettre
Pastorale.

Première équivoque.
Prétendu antagonisme entre l'Eglise
et le progrès.

La presse incrédule clame bruyamment que
le Pape, en condamnant le Modernisme, s'est
mis en travers du progrès et refuse aux catholiques le droit de marcher avec leur siècle.
Trompés par ce mensonge, que certains polé-

mistes catholiques ont imprudemment accrédité, quelques âmes droites, jusqu'ici fidèles à l'Église, fléchissent, se découragent, s'imaginant bien à tort qu'elles ne peuvent en même temps obéir à leur conscience chrétienne et servir la cause du progrès scientifique.

Je me ferai un devoir de répondre à cette accusation calomnieuse de la presse hostile, dans une communication plus spécialement destinée au clergé et dont il pourra, là où il le jugera à propos, utiliser à votre intention certains extraits.

Est-il bien nécessaire, d'ailleurs, de faire voir aux hommes de bonne foi, en Belgique, que, pour être avec le Pape contre le Modernisme, on n'en est pas moins avec son siècle pour promouvoir le progrès et honorer la science ?

Grâces en soient rendues à Dieu, nous vous l'avons dit, les catholiques belges ont échappé aux hérésies modernistes. Les représentants de l'enseignement philosophique et théologique de notre université et de nos facultés libres, des séminaires, des congrégations religieuses ont unanimement et spontanément déclaré et montré, dans un document signé par chacun d'eux, que, par sa courageuse Encyclique, le Pape a sauvé la Foi et protégé la science.

Or, ces mêmes signataires n'ont-ils pas le

droit de se tourner fièrement vers leurs accusateurs et, au nom des institutions catholiques qu'ils représentent, de leur demander : Quelle est donc la science que nous n'ayons servie et ne servions aussi bien, sinon mieux que vous ? Nos maîtres redoutent-ils d'être comparés aux vôtres ? Les élèves que nous formons et que les concours publics mettent en présence de vos élèves ne dépassent-ils pas régulièrement les vôtres ?

La vigueur des convictions et la sincérité de l'amour s'éprouvent au sacrifice : connaissez-vous, Mes Frères, des largesses d'incroyants au profit de la science ? Si oui, je m'en réjouis ; mais je vous invite, sans crainte, à les mettre en parallèle avec les millions que verse la générosité des catholiques belges à l'œuvre de l'enseignement primaire, secondaire et supérieur.

Seconde équivoque. — L'assimilation inconsciente de la constitution de l'Eglise aux organisations politiques modernes.

La seconde équivoque qui profite à la pénétration de l'esprit moderniste parmi la jeunesse et qui le rend parfois séduisant aux masses, c'est l'assimilation inconsciente de la constitution de l'Eglise catholique aux organisations politiques de nos sociétés modernes.

Sous le régime parlementaire, chaque citoyen est supposé investi d'une part d'autorité dans la direction des affaires publiques; les théories révolutionnaires mises en circulation par J.-J. Rousseau et formulées dans la Déclaration des droits de l'homme de 1789, ont répandu dans les masses cette idée irréfléchie que l'autorité directrice d'un pays est faite de la somme des volontés individuelles de la collectivité sociale. Les représentants du pouvoir sont ainsi considérés comme des délégués, dont le rôle exclusif est d'interpréter, de faire valoir la pensée et la volonté de leurs commettants.

C'est cette conception du pouvoir que Dœllinger voulait appliquer aux évêques réunis en concile au Vatican. A son tour, Tyrrell l'applique aux évêques comme aux fidèles, ecclésiastiques ou laïques de la communauté chrétienne, pour ne réserver aux évêques et même à l'autorité suprême, au Pape, que le droit d'enregistrer et de proclamer authentiquement ce qu'ont pensé, aimé, senti les membres dispersés de la famille chrétienne, voire même de la société des âmes religieuses.

Cette assimilation est trompeuse, Mes Frères.

La société civile naît, suivant une loi naturelle, de l'union et de la coopération des volontés des membres qui la constituent. Mais l'Eglise, société surnaturelle, est essentiellement d'institution positive ou externe et doit être acceptée par ses membres, avec l'organisation qu'elle a reçue de son divin Fondateur. C'est au Christ lui-même qu'il appartient de nous dicter sa volonté.

Écoutez donc le Fils de Dieu fait homme, donnant à ses Apôtres ses instructions souveraines et imprescriptibles : « Allez, leur dit-il, dans le monde entier, prêchez l'Évangile à toutes les créatures. Celui qui croira, la foi que vous lui enseignerez et se fera baptiser, se sauvera ; mais celui qui refusera de croire sera condamné. »

L'évangéliste saint Marc, qui cite ces paroles à la dernière page de son évangile, conclut son récit par ces mots :

« Et le Seigneur Jésus, après avoir ainsi parlé, s'éleva dans les cieux où il est assis à la droite de Dieu son Père ; tandis que les apôtres partirent dans toutes les directions pour prêcher l'Évangile avec l'aide du Seigneur (1). »

Eh bien, les évêques sont les continuateurs

____
(1) MARC, XVI, 15-20.

de la mission apostolique. Les fidèles doivent donc les écouter, croire à leur enseignement et leur obéir, sous peine de damnation éternelle.

Si quelqu'un refuse d'obéir à l'Eglise, dit encore Notre-Seigneur, considérez-le comme un publicain ou un païen (1), c'est-à-dire, comme un homme qui n'a pas la foi. Car, « je vous le dis en vérité, tout ce que vous lierez sur la terre sera lié dans le ciel, et tout ce que vous délierez sur la terre sera délié dans le ciel (2) ».

(1) MATTH., XVIII, 17. — (2) *Ibid.*, v, 18.

CONCLUSION

Le chrétien doit sauvegarder sa foi en l'éclairant. — Un rayon de bibliothèque religieuse pour une famille chrétienne.

Attachez-vous, Mes Frères, à la pierre angulaire de votre Foi. Appuyez-vous sur votre évêque, qui lui-même s'appuie sur le successeur de Pierre, l'évêque des évêques, le représentant immédiat du Fils de Dieu, Notre Seigneur Jésus-Christ.

Protégez avec vigilance le trésor de votre foi, sans laquelle aucun bien, aucune œuvre ne vous profiteraient pour l'éternité.

Perfectionnez votre instruction religieuse.

Mes Frères, n'est-ce pas chose étonnante, à mesure que le jeune homme grandit, il tient à honneur de développer ses forces physiques, d'accroître la somme de ses connaissances, d'affermir son jugement, d'enrichir son expérience, de châtier son langage et d'affiner son style, de s'initier plus complètement aux usages du monde, de se renseigner davantage et mieux sur la marche des événements. L'homme fait prend à cœur sa culture professionnelle. Où est, dites-moi, l'avocat, le magistrat, le médecin, le négociant, qui ne rougirait de devoir avouer, à quarante ans, que depuis vingt ans il n'a plus rien appris ?

Or, n'est-il pas vrai que, si on les interrogeait, beaucoup de catholiques de vingt, de trente et de quarante ans seraient contraints de confesser que, depuis l'époque de leur première communion, ils n'ont plus appris leur religion, qu'ils l'ont, peut-être, désapprise ?

Je comprends que, en ce temps de désarroi, l'irréligion fasse des conquêtes et je le déplore ; mais ce qui s'explique moins, c'est qu'un homme intelligent, croyant, conscient de la faveur que Dieu lui a faite en lui accordant le privilège de la Foi, se résigne à ignorer ce qu'il croit, pourquoi il le croit, à quoi l'engagent envers Dieu et envers ses frères les solennelles promesses de son baptême.

Tout homme instruit devrait avoir dans sa bibliothèque un catéchisme, sinon pour en réapprendre la lettre, du moins pour en méditer le texte. Le catéchisme le plus recommandable est le *Catéchisme du Concile de Trente*, œuvre admirable de clarté, de précision, de méthode, où, sur l'ordre des Pères du Concile de Trente, une commission de théologiens de valeur a été chargée de condenser la substance de la Foi, de la morale, des institutions du christianisme.

Pour se renseigner sur l'objet de leur Foi, les catholiques instruits devraient en outre posséder un manuel des enseignements dogmatiques de l'Eglise, par exemple celui de Denzinger, et les principales Encycliques pontificales qui s'adressent à notre génération, notamment celles de Léon XIII, de glorieuse mémoire, et de Sa Sainteté Pie X,

Puis, ils devraient avoir sous la main, sinon le texte intégral de la Bible, au moins *le Nouveau Testament*, c'est-à-dire, les Évangiles, les Lettres des Apôtres, le récit des Actes des Apôtres. Il leur faudrait aussi une *Histoire de l'Église* et un *Traité apologétique*.

Pour entretenir et alimenter sa piété, chaque fidèle devrait posséder un *Missel Romain* et un *Traité liturgique* qui lui explique les cérémonies de la Messe et des principales manifestations du culte religieux dans l'Église.

L'Imitation de Jésus-Christ, les *Méditations sur l'Évangile* par Bossuet, l'*Introduction à la vie dévote* de saint François de Sales ; enfin, quelques vies de Saints, qui nous représentent l'évangile en action, formeraient dans leur ensemble, et à un prix très modique, le minimum de la bibliothèque religieuse d'une famille chrétienne.

Chaque famille, si humble soit-elle, devrait posséder quelques livres de religion et de piété. Nous préciserons, prochainement, à ce sujet, les informations que nous nous bornons à indiquer ici.

Il m'est arrivé de parcourir du regard la bibliothèque d'amis voués aux carrières libérales : il s'y trouvait des livres de sciences, de littérature, d'histoire profane ; que de fois l'on y eût cherché vainement le rayon de la littérature religieuse !

Est-il bien surprenant que, sur des esprits si mal armés pour la résistance, une objection formulée avec audace ait aisément prise ? On s'épouvante alors et l'on appelle au secours l'apologétique.

L'apologétique a son rôle dans l'Eglise, sans doute. A l'attaque il faut opposer la défense. Quand quelqu'un est malade, il fait bien d'appeler le médecin.

Mais l'hygiène vaut mieux que la médecine !

Etudiez de préférence l'exposé et les preuves de la doctrine catholique, pénétrez-vous de ses enseignements, méditez-les ; mettez-vous au courant de l'histoire de l'Eglise, renseignez-vous sur les œuvres de son apostolat.

Exhortation à la vigilance et à la prière.

Puis, veillez et priez. Par la droiture de votre vie, par la pureté de vos mœurs, par l'humble confession de la dépendance où vous êtes vis-à-vis de Dieu et du besoin que vous avez de sa Providence, supprimez les raisons intéressées de l'incrédulité, et vous verrez se dissiper le plus souvent, comme les nuages aux clartés du soleil, les doutes qui montaient dans votre âme et obscurcissaient son horizon. Que si, parfois, sur un point spécial, un doute surgit en votre conscience, consultez un traité d'apologétique, ou mieux, adressez-vous à un homme éclairé : la solution que vous recevrez sera alors, pour vous, adaptée à votre mentalité et à votre état d'âme du moment ; elle sera beaucoup plus efficace que les réponses qui s'adresseraient indéterminément à une masse considérable d'auditeurs ou de lecteurs à la fois.

Mes bien chers Frères, en réalité, nous n'apprécions pas assez notre bonheur d'avoir la Foi. L'homme est ainsi disposé qu'il ne remarque plus ce qui est définitivement acquis au trésor de ses habitudes. Vous avez la vue claire, l'ouïe bonne, les poumons sains, le cœur intact : remerciez-vous souvent Celui de qui vous tenez ces bienfaits ? Ah ! si vous étiez menacés de cécité, de surdité, de phtisie ou de paralysie, combien plus haute serait votre appréciation des biens que vous croiriez sur le point de vous échapper, combien plus spontanée votre reconnaissance le jour où la sécurité vous serait rendue !

Mes Frères, les nations protestantes sont malades. Voilà quatre siècles que le ferment du libre examen les travaille. Écoutez avec quelle douloureuse anxiété les âmes religieuses sont tiraillées par les mille et une sectes qui se disputent leur adhésion, sans qu'aucune ait un titre à offrir pour se faire décidément préférer aux autres.

Il me souvient d'un ministre anglican qui, vers l'année 1895, se convertit au catholicisme. Loyal de caractère, il enseignait à ses paroissiens, telle qu'il la croyait, la divinité de Jésus-Christ. Un confrère, pasteur d'une paroisse voisine, la niait devant ses ouailles. La population pieuse, en émoi, demandait la solution du conflit. L'évêque, chef des deux paroisses, était fidèle au Christ-Dieu, mais il était notoire que son archevêque le désavouait. Comment sortir d'un pareil désarroi ? Est-il admissible qu'il y ait un Évangile auquel nous devions croire, et que, d'autre part, personne n'ait qualité pour nous dire ce qu'il contient ?

Le ministre anglican, dont je me rappelle distinctement le souvenir, ne pouvait se résigner à le penser. L'unité sociale de la foi est impossible, sans une autorité (1); l'autorité en matière de foi est incomplète sans le privilège de l'infaillibilité. Il se le dit, le crut, reconnut l'autorité du Pape et devint, à son tour, un apôtre de la foi catholique et romaine.

Et c'est au moment où les protestants religieux assaillis par le libéralisme, ballottés par le doute, appellent désespérément le secours de l'autorité, en disant : « Seigneur, sauvez-nous, car nous périssons ! », c'est à ce moment que les Modernistes voudraient nous ravir le Chef que les âmes des sectes séparées nous envient, et qu'ils nous invitent à refaire une expérience, dont quatre lamentables siècles ont fait éclater l'échec !

Non, Mes Frères bien-aimés, nous ne referons point cette douloureuse expérience ! Plus étroitement que jamais, nous nous serrerons autour

(1) « J'ai, Messieurs, à vous prêcher un grand mystère, disait Bossuet, c'est le mystère de l'unité de l'Eglise. Unie au dedans par le Saint Esprit, elle a encore un lien commun de sa communion extérieure, et doit demeurer unie par un gouvernement où l'autorité de Jésus-Christ soit représentée. Ainsi l'unité garde l'unité ; et sous le sceau du gouvernement ecclésiastique l'unité de l'esprit est conservée. » Sermon prêché à l'ouverture de l'Assemblée générale du clergé de France, sur l'unité de l'Eglise. Premier point.

de Pierre, le Vicaire de Jésus-Christ. L'unité de
la foi chrétienne n'est sauve que dans l'Eglise
catholique, l'Eglise catholique n'est stable que
sur le siége de Pierre. « Nous nous tournerons
donc, disait saint Irénée, évêque de Lyon de la
fin du second siècle, vers la plus ancienne des
églises, connue de tous, l'église fondée et constituée à Rome par les deux très glorieux apôtres
Pierre et Paul ; nous montrerons que la tradition qu'elle tient des Apôtres et la foi qu'elle a
annoncée aux hommes sont parvenues jusqu'à
nous par des successions régulières d'évêques ;
et ce sera un sujet de confusion pour tous ceux
qui, soit par vanité, soit par aveuglement et par
sentiment mauvais, recueillent sans discerne-
ment toutes sortes d'opinions qui leur plaisent.
Car telle est la supériorité de la prééminence de
l'Eglise de Rome, que toutes les églises, c'est-à-
dire les fidèles de tous les points de l'univers
doivent être d'accord avec elle et que les fidèles,
d'où qu'ils soient, trouvent intacte en elle la tradition apostolique (1). »

(1) *Adversus hæreses,* lib. III, cap. 3.

III

LETTRE ADRESSÉE

À

l' « Académie universitaire de Madrid »

à l'occasion de son inauguration

Malines, le 27 octobre 1908.

Messieurs,

« La date inaugurale de votre *Académie uni-versitaire catholique* me rappelle un des moments les plus chers de ma vie.

« C'était à la fin d'octobre 1882. Le Souverain Pontife Léon XIII venait de décider la création, à l'Université de Louvain, d'une chaire de philosophie thomiste. Durant plus d'un quart de siècle, le préjugé traditionaliste avait pesé sur les Facultés de Théologie et de Philosophie de l'Université. La *critique de la raison pure* de Kant, dont bien peu d'auteurs, d'ailleurs, en Belgique comme en France, avaient fait une étude originale, avait imposé à des croyants trop timides, à des penseurs sans attache avec la grande tradition médiévale, un vague sentiment d'impuissance rationnelle. Ils se défiaient de la raison humaine et, plutôt que de s'imposer l'effort et de courir les aventures d'une recherche personnelle, ils s'étaient résignés à professer désespérément, avec Kant, que la raison spéculative est incapable de démontrer avec certitude l'existence d'un Dieu-

Providence et les fondements d'un ordre supérieur des vérités métaphysiques, morales et religieuses. Aussi bien, pensaient-ils, leur conscience pouvait être à l'aise, car la foi chrétienne pourvoyait surabondamment aux indigences de la philosophie.

« Erreur capitale !

« L'homme est un sujet chez lequel prime la raison. Ni une foi dont la raison n'a justifié préalablement les titres, ni une morale individuelle ou sociale appuyée exclusivement sur un instinct ou sur un sentiment ne peuvent s'imposer valablement et durablement à la conscience humaine. Tôt ou tard, il apparaît que ceux qui ont travaillé contre la raison spéculative ont fourni des arrhes au scepticisme.

«Messieurs, depuis 1882, les temps sont changés, en ce sens que la révélation chrétienne, dans laquelle les théologiens et les philosophes de l'école des Bonald, La Mennais, Ventura, Ubaghs, Laforêt avaient cherché un refuge à leurs convictions philosophiques, est de plus en plus méconnue par la plupart des Universités officielles. Toutefois, les temps ne sont point changés au fond, car les conclusions négatives de la spéculation kantienne pèsent plus lourdement que jamais sur ceux qui dans les centres les plus brillants de l'enseignement universitaire, s'adonnent à la culture supérieure.

« Mais, cette fois, la Révélation du Christ ayant disparu de l'horizon universitaire, les aspirations de la conscience morale, le besoin d'idéal, les lois de la solidarité entre les individus ou entre les peuples, les exigences de l'action sont l'unique cité de refuge qui demeure inébranlable, semble-t-il, sur les sommets de la pensée. D'où cette pléiade d'hommes généreux dont les voix, parties d'Allemagne, de chez les nations anglo-saxonnes, de France ou d'Italie, chantent toutes le même hymne à l'idole du jour : l'Idéal moral.

« Messieurs, à cette idole, fille de la superstition, vous vous réunissez solennellement aujourd'hui pour substituer, dans le temple de l'*Académie Universitaire catholique de Madrid*, le vrai Dieu, le Dieu de *vérité*.

« Vous avez compris que la moralité ne suffit pas à un être dont la qualité maîtresse est la raison.

« Vous avez compris que la moralité elle-même est la tributaire de la vérité et que, par conséquent, le souci prédominant de celui qui a conscience de son rôle doit être d'accorder le premier rang dans ses préoccupations, dans ses désirs, dans l'expansion de son activité, à la recherche de la vérité.

« Vous ferez donc la part très large, dans votre programme, — et en cela vous avez raison, — aux sciences juridiques, politiques, sociologiques, mais aussitôt après la place d'honneur que vous réservez, comme chrétiens, à l'étude approfondie de votre religion, vous accordez un rang privilégié à la culture de la raison spécula-. tive, *Estudio superior de Filosofia.*

« Ainsi, Messieurs, vous ne formerez pas des hommes de sentiment, destinés à devenir dès le lendemain la proie du dilettantisme, forces perdues pour le progrès de la civilisation, vous inspirerez à vos disciples le culte de la vérité pour elle-même, le culte désintéressé de la vérité objective, n'importe dans quel domaine, scientifique, historique, philosophique, elle s'offre à la méditation du penseur. « Cherchez avant tout le royaume de Dieu et sa justice, disait Notre-Seigneur dans l'Evangile, et le reste vous sera donné par surcroît. » Cherchez de même, vous dirai-je, humblement à la suite du divin Maître, cherchez avant tout les vérités, les convictions lumineuses, la vigueur de l'intelligence, et le reste, c'est-à-dire, la moralité, les résolutions viriles, la trempe du caractère et, par voie d'heureuse conséquence, le dévouement effectif, utile à vos frères, à la société chrétienne, seront votre honneur et votre récompense.

« Je serai d'esprit et de cœur avec vous, Messieurs, samedi prochain, bien désolé que les occupations absorbantes de mon ministère pastoral me privent de la joie et du réconfort que m'eût procuré le spectacle de votre belle initiative.

« Daigne la Providence bénir votre jeune Académie ! Puissiez-vous, pénétrés du sentiment des responsabilités que vous assumez aujourd'hui en face de votre noble pays, en face des nations voisines qui vous contemplent avec une admiration confiante, montrer dans l'avenir, en dépit des obstacles qui inévitablement surgiront sous vos pas, autant de vaillance que vous montrez aujourd'hui de générosité.

« Votre grande sainte Thérèse disait, — et je me souviens avoir rappelé cette parole à mon auditoire lors de l'inauguration du cours de philosophie, à l'Université de Louvain, auquel je faisais allusion tout à l'heure, — sainte Thérèse disait : « Dans la conduite d'une entreprise que la conscience commande ou conseille, il n'y a qu'une chose à craindre, c'est de craindre quelque chose. »

« Levez l'ancre, Messieurs, tendez les voiles, mettez la main au gouvernail, partez sans crainte, à distance toujours des récifs sous la sauvegarde de votre foi de chrétiens, le regard fixé sur l'étoile polaire de l'éternelle vérité. »

TABLE DES MATIÈRES

PREMIÈRE PARTIE

La position du modernisme vis-à-vis de la science.

DEUXIÈME PARTIE

La condamnation du modernisme.

CONCLUSION

TROISIÈME PARTIE

1455-08. — Imp. des Orph.-Appr., F. Blétit, 40, rue La Fontaine, Paris-Auteuil.